A Thomas y Constance, mis primeros lectores. Armelle
A mi madre, mi padre, mi hermana y Pablo, mi gato. Mélanie

MOUSTACHE
no se rinde

Texto de Armelle Renoult
Ilustraciones de Mélanie Grandgirard

AUZOU

Chucho, el perro del vecino, la ha tomado con Moustache.
En cuanto lo ve, lo persigue y le gruñe sin parar. Grrr.
¡Al gatito se le ponen los pelos de punta!
Así que Moustache se esconde para no tener miedo.

—¡Pero esto se va a acabar! —dice Moustache—.
Ha llegado la hora de la venganza.
¡Está decidido, voy a darle su merecido a ese grandullón!

Moustache tiene una idea. Él, el gatito, se va a disfrazar de león.
¡Es hora de que Moustache saque las garras!

—Primero necesito un poco de pegamento. Este bote de mermelada de arándanos me viene genial.
¡Uy! A Moustache se le cae el bote y un enorme pegote pringoso acaba sobre la mesa.

Ya solo queda rodar por la paja...
—¡Esto pica un poco! —exclama
Moustache muy contento.

¡Ya está! ¡Una bonita melena de león! Ahora solo falta la cola... Un poco más de paja para una llamativa borla.

Muy tentadora para que la persigan
los otros animales y deliciosa para relamer...
¡ACHÍS! ¡Cuidado, tampoco es cuestión
de pillar una alergia ahora!

Ahora Moustache se siente como un verdadero león.
Y ruge con ganas.

—Soy Moustache, el rey de los animales.

Moustache saca las garras, agita la cola y se pavonea por delante de la caseta. ¡Eso impresionará a su enemigo!

De repente, una sombra blanca llama su atención.
—¡Oh, qué mariposa tan pequeña! —sonríe Moustache.

Se agacha, estira los bigotes,
contrae los músculos... ¡listo para el ataque!

Moustache se lanza, pero la paja se le queda pegada en las patas delanteras y cae de cabeza contra la hierba. Cuando levanta la vista, ¡la mariposa ha volado!

—Ja, ja, ja. ¡Qué gracioso eres, Moustache!

¡Tu disfraz de espantapájaros es genial!
¿Quieres que juegue contigo? —ríe Chucho.

Chucho se acerca a Moustache
y le da un lametón amistoso.

—¡Mmmm, qué rico! Apuesto a que es mermelada de arándanos.

¡Genial, vas a atraer a todas las moscas! ¿Jugamos a ver quién atrapa más? —dice Chucho.

CHUCHO   MOUSTACHE

Moustache ya no está enfadado.
Da igual que su disfraz no esté muy logrado.
¡Está feliz de haber encontrado un amigo!

Dirección general: Gauthier Auzou
Edición: Florence Pierron y July Zaglia
Maqueta: Annaïs Tassone
Fabricación: Olivier Calvet
Edición en español: MSA agencia editorial/Llanos Toboso

© 2012, Éditions Auzou.
Primera edición, España, enero de 2025.
Fabricado por Éditions Auzou,
24-32, rue des Amandiers, 75020 París, Francia.
Impreso en China.
Todos los derechos reservados
para todos los países.
Depósito legal: primer trimestre de 2012.
www.auzou.fr